Mediale Formen von "Schneewittchen". Inwieweit kann ein traditionelles Märchen der Brüder Grimm durch eine filmische Adaption weiterhin als Märchen kategorisiert werden?

Vesile Güner

Bibliografische Information der Deutschen Nationalbibliothek:

Die Deutsche Nationalbibliothek verzeichnet diese Publikation in der Deutschen Nationalbibliografie; detaillierte bibliografische Daten sind im Internet über http://dnb.d-nb.de abrufbar.

ISBN: 9783346335692
Dieses Buch ist auch als E-Book erhältlich.

© GRIN Publishing GmbH
Nymphenburger Straße 86
80636 München

Alle Rechte vorbehalten

Druck und Bindung: Books on Demand GmbH, Norderstedt Germany
Gedruckt auf säurefreiem Papier aus verantwortungsvollen Quellen

Das Buch bei GRIN: https://www.grin.com/document/980713

Inwieweit kann ein traditionelles Märchen der Brüder Grimm durch eine filmische Adaption weiterhin als Märchen kategorisiert werden?

Inhaltsverzeichnis

1. Einleitung

„Wäre das Märchen medial nicht wandelbar, hätten wir es längst verloren!" (Schmitt 2000, S.55). Laut dieses einleitenden Zitats konnten die Märchen Jahrhunderte hinweg nur bestehen, da sie imstande waren, sich dem zeitgenössischen Medium anzupassen. Sie zeigen sich im digitalen Zeitalter in einem neuen medialen Gewand, nämlich dem Film. Ursprünglich wurden die fabelhaften Geschichten in mündlicher Tradition weitergegeben und erst im 16. Jahrhundert begann man die Erzählungen zu sammeln und zu verschriftlichen, heute werden sie auf den Kinoleinwänden der Welt wieder zum Leben erweckt. Doch ist es möglich ein Originaltext in ein anderes Medium zu überführen und diesen trotzdem als Märchen wieder zu erkennen?

Durch die Sammlung *Kinder- und Hausmärchen* der Brüder Grimm schaffte man ein europäisches Kulturgut zu bewahren. Sie ist bis in Gegenwart die bekannteste und meist publizierte Märchensammlung der Welt. Das Märchen begeistert aufgrund seiner zauberhaften Figuren und magischen Handlungen sowie durch das feste Versprechen eines guten Ausgangs, indem das Gute am Ende als Sieger herauskristallisiert wird.

Deshalb begann man schon recht früh das Märchen als Grundlage für filmische Adaption zu nutzen. Die vorliegende Hausarbeit befasst sich daher konkret mit der Fragestellung: *Inwieweit kann ein traditionelles Märchen der Grimms, welches vor 200 Jahren erstmals schriftlich fixiert worden ist, durch eine filmische Adaption weiterhin als Märchen kategorisiert werden?* Damit die Beantwortung dieser Frage gelingt, wird zunächst der Begriff des Märchens näher erläutert. Dabei wird darauf eingegangen, woher das Wort stammt und die wesentlichen Eigenschaften der Märchen werden herausgearbeitet. Bei der Herausarbeitung der Stilmerkmale der Märchen wird auf den Literaturwissenschaftler und bedeutendsten Märcheninterpreten des 20. Jahrhunderts Max Lüthi bezogen. Anschließend wird der Fokus auf ein spezifisches Märchen, nämlich Schneewittchen und die sieben Zwerge gelegt. Dieses Märchen wird anhand zwei Medien veranschaulicht, dem Originaltext von den Brüdern Grimm und der ersten Verfilmung von Walt Disney. Ein exemplarischer Vergleich beider Werke in Hinblick auf den Inhalt wird durchgeführt. Aufbauend darauf wird überprüft, ob es Walt Disney gelungen ist die typischen Stilmerkmale eines Märchens nach Max Lüthi in seiner Adaption zu übertragen, sodass dieser als Märchen klassifiziert werden kann. Im letzten Kapitel werden alle wichtigsten Ergebnisse noch einmal zusammengefasst und mit einem Fazit, das einen Beitrag zu der Fragestellung gibt, schließt die Arbeit ab.

2. Begriffsdefinition

Ursprünglich stammt das neudeutsche Wort „Märchen" vom mittelhochdeutschen Begriff „Mär" beziehungswiese „maere" ab und bedeutet so viel wie Kunde, Erzählung oder auch Gerücht. Somit bezeichnet es also im eigentlichen Sinne eine kurze Erzählung (Lüthi 1998, S.18). Da das Wort Märchen durch ihre Endung -chen das Diminutiv zu Mär bildet, unterlag das Märchen zu der damaligen Zeit einer Bedeutungsverschlechterung und wurde vor allem auf unwahre und erfundene Geschichten angewendet. Erst als im 18. Jahrhundert die französischen Feenmärchen ins Englische als „Fairy tales" übersetzt wurden und Erzählungen aus „Tausend und einer Nacht" modern wurde, änderte sich diese Einstellung. Somit veränderte sich das Prestige der Märchen grundlegend (Lüthi, Max 1996, S.1).

In der Forschung etablierten sich zwei Untergattungen des Märchens, sodass man zwischen Volks- und Kunstmärchen unterscheidet. Ein besonderes Merkmal des Volksmärchens ist, dass es lange Zeit ausschließlich nur in mündlicher Tradition vermittelt worden ist und dadurch geformt wurde (Lüthi, Max 1996, S.5). Zudem ist der Autor des Volksmärchens anonym, da es aufgrund der mündlichen Tradition nicht möglich ist einen einzelnen Autor zu definieren. Im Unterschied dazu ist der Autor von dem Kunstmärchen bekannt. Berühmte Kunstmärchen sind beispielsweise Der goldene Topf von E. T. A. Hoffmann und Gockel von Clemens Brentano. Im Fokus dieser vorliegenden Arbeit steht das Volksmärchen.

2.1 Herkunft des Volksmärchens

Die Brüder Grimm gehören zweifellos zu den in Deutschland berühmtesten Märchensammlern und Herausgebern, obwohl sie nicht die Ersten waren, die sich auf die Suche gemacht haben. Ihre Sammlung, die Kinder- und Hausmärchen, gilt allgemein als das Meisterwerk der europäischen Märchenliteratur. Der erste Band wurde 1812 und der zweite 1815 veröffentlicht. Max Lüthi bezeichnet dieses Ereignis als einen Wendepunkt in der Geschichte des Märchens, da durch die öffentlich anerkannte Niederschrift diesem Genre gelungen zu sein, sich aus dem Schattendasein zu befreien (Lüthi 2004, S.51). Das in dieser Hausarbeit ausgewählte Märchen Schneewittchen ist die Fassung von 1857, sie befindet sich im originalen Wortlaut in dem 2010 veröffentlichen Sammelband Kinder- und Hausmärchen des Reclam Verlages.

3. Stilmerkmale des Volksmärchens nach Max Lüthi

Der Schweizer Literaturwissenschaftler und Märchenforscher Max Lüthi hat im Jahre 1985 eine Ausarbeitung zu den Wesenszügen des europäischen Volksmärchens durchgeführt. Die von ihm herausgearbeiteten Stilmerkmale sind folgende: die *Eindimensionalität, Flächenhaftigkeit,* die *Isolation und Allverbundenheit,* der *abstrakte Stil* und die *Sublimation und Welthaftigkeit.*

3.1 Eindimensionalität

„Im Mittelpunkt des Volksmärchens steht immer der Mensch" (Lüthi 1998, S.104). Dabei muss zwischen dem Mittelpunkt des Märchens und dem Kern des Märchens differenziert werden. Das Problem ist der Kern der Geschichte und vor dieses wird der Held gestellt und löst dieses. Der Mittelpunkt hingegen ist der Held, der immer ein Mensch ist (ebd.).

Zudem unterscheidet man im Märchen auch zwischen den Figuren, nämlich zwischen den Gestalten und den handelnden Personen. Zwerge, Feen, Hexen, aber auch Tiere, die über Zaubereigenschaften verfügen, gelten als jenseitige Wesen (Gestalten). Der Märchenheld (handelnde Person) hingegen, der formal zu der diesseitigen Welt zugehörig ist, kann von den Gestalten Eigenschaften oder Gaben annehmen, aber bleibt dabei immer im Diesseits (Reinemer 2011, S.1). Das Magische und Fantastische erweckt bei dem menschlichen Protagonisten beziehungsweise dem Märchenhelden keine Überraschung, denn „der Märchenheld handelt und hat weder Zeit noch Anlage, sich über Seltsames zu wundern" (Lüthi 1974, S.10). Im Märchen verschmelzen die zwei Dimensionen des Diesseits und des Jenseits miteinander und dadurch entsteht eine Eindimensionalität. „Im Märchen [...] ist alles möglich, da die phantastische und die realistische Welt eine Einheit" (Drewermann/ Knoch/ Lange/ Petzoldt/ Rölleke/ Schmitt/ Thiele/ Wilkes/ Zitzlsperger 2004, S.13). Somit wird das Aufeinandertreffen der beiden Dimensionen im Märchen als Selbstverständlichkeit angenommen. Nur eine örtliche Trennung beider Figuren kann festgestellt werden, denn während der Märchenheld meist in einem normalen Haus oder in einem Dorf lebt, sind die jenseitigen Gestalten im Hexenschloss, dunklen Wald oder in einem abgelegenen Häuschen (Lüthi 1997, S.11).

3.2 Flächenhaftigkeit

Das nächste typische Merkmal, welches Lüthi, für das Volksmärchen herausarbeitet, ist die Flächenhaftigkeit. Dies bedeutet, dass das Märchen auf jegliche „Tiefengliederung" (Lüthi 1974, S.13) verzichtet, sodass die Gefühle und Eigenschaften der handelnden Personen oder Wesen meist nur implizit aus den Handlungen erkennbar werden, außer es ist relevant für das Geschehen, dann wird es explizit beschrieben. Also drücken sich ihre Eigenschaften insbesondere durch ihre Taten aus. Wenn sich beispielsweise der Märchenheld weinend in einem Wald irrt, erfährt der Rezipient dies nicht um seinen Gemütszustand nachvollziehen zu können, sondern weil dadurch der Kontakt zu dem jenseitigen Helfer hergestellt werden kann. Diese Begegnung ist für das Vorankommen des Märchenhelden in der weiteren Geschichte und in seinem weiteren Handeln zwingend notwendig.

So wie den Märchenfiguren das individuelle Innenleben fehlt, so spielen auch die Zeit, Beziehungen und die Umwelt eine zweitrangige Rolle und werden erst relevant, wenn sie wieder als Handlungsbeweger oder -ziel interessant sind (Lüthi 1974, S.18). Sobald die Nebenfiguren keine essentielle Funktion für den weiteren Verlauf der Handlung haben, trennt sich der Märchenheld von ihnen und geht seinen Weg alleine weiter.

Das Märchen *Dornröschen* ist das beste Beispiel für ein Märchen in der die Zeit keinerlei Relevanz hat. Dornröschen, welches nach hundert Jahren aus dem Schlaf erwacht, hat sich nicht verändert und ist ebenso jung und schön, wie es vorher war. Keiner der anderen Figuren ist über diese Unveränderlichkeit Dornröschens verwundert (ebd.).

3.3 Isolation und Allverbundenheit

Das erläuterte Nichtvorhandensein zwischenmenschlicher Beziehungen präsentiert die Eindimensionalität, wohingegen die Zeit und der Abstand zwischen diesseitiger und jenseitiger Welt die Flächenhaftigkeit des Märchens zeigen. Deshalb ist nach Lüthi der Grundgedanke des Märchens die *Isolation*. „Flächenhafte Darstellung bedeutet isolierte Darstellung" (Lüthi 1974, S.37). Der Märchenheld bestreitet isoliert und ohne Beziehungen sein Abenteuer, aber auch die Darstellung der Handlung ist isolierend. Es gibt keine detaillierten Beschreibungen der Umwelt, der Handlungsraum lässt sich kaum erleben. Nur die Handlungslinie gibt eine grobe Orientierung, damit der Rezipient weiß, wo er sich befindet. Zudem sind die einzelnen Episoden im Märchen nicht voneinander abhängig und eine Verbindung untereinander fehlt. Aber gerade, weil sich nichts aus einem anderen entwickelt, kann sich alles mit allem verbinden (Pander 2013, S.1). „Sichtbare Isolation, unsichtbare Allverbundenheit, dies darf als Grundmerkmal der Märchenform bezeichnet werden" (Lüthi 1997, S.49), fasst Lüthi zusammen.

3.4 Abstrakter Stil

Das, was dem Märchen seinen abstrakten Stil verleiht, sind die Einhaltung der Anfangs- und Schlussformel. Mit „Es war einmal..." beginnt ein Märchen häufig und endet mit „so lebten sie glücklich bis an ihr Lebensende". Durch die Schlussformel merkt man, dass zu einem Märchen immer ein Happy End gehört (Lüthi 1998, S.37).

Das Extreme stellt ein weiteres Merkmal des abstrakten Stils dar. Im Volksmärchen zeigt es sich besonders durch absolute Gegensätze. Es gibt keinen Mittelstand oder durchschnittliche Schönheit. Entweder ist jener arm oder reich, wunderschön oder hässlich, jung oder alt.

Die große Anzahl an Wiederholungen im Märchen repräsentieren einen weiteren Aspekt des abstrakten Stils. Da die Märchen zu Beginn nur mündlich überliefert wurden, erwiesen sich klare und wiederholende Elemente günstig zur Weitergabe. Der Fokus liegt auf dem Handlungskern und der Lösung des Problems. Märchen sind kurz und bündig, ohne ausschweifende Erklärungen (ebd.).

3.5 Sublimation und Welthaltigkeit

Zuletzt werden die Sublimation und Welthaltigkeit von Max Lüthi als Merkmal genannt. Das Märchen greift auf profane, numinose oder magische Motive zurück. Alle wichtigen Elemente menschlicher Existenz, wie zum Beispiel Geburt, Trennung, Hochzeit und Tod, erscheinen im Märchen. Ist sein Repertoire noch so gewaltig, „die sublimierende Kraft des Märchens schenkt ihm die Möglichkeit" (Lüthi 1981, S. 69), das Leben in seiner ganzen Bandbreite umfassend zu repräsentieren. Durch das Hinzufügen von mythischen und magischen Elementen und Motiven wird der Handlungsstrang nicht mehr realitätsnah (Pander 2013, S.1).

4. Exemplarischer Vergleich

Im Folgendem werden das Märchen *Schneewittchen* mit der ersten filmischen Adaption „Snow White and the seven Dwarfs" von Walt Disney aus dem Jahr 1937 hinsichtlich des Inhalts miteinander veranschaulicht und miteinander verglichen. Anschließend wird überprüft, ob es Walt Disney gelungen ist die typischen Stilmerke eines Märchens nach Max Lüthi in seinem Film darzustellen.

4.1 Inhaltlicher Vergleich des Märchens mit der filmischen Adaption

Beide Medien nutzen, um thematisch in die Geschichte einzuleiten, die für das Märchen typische Anfangsformel: „*Er war einmal...*". Jedoch grenzen sich beide Einleitungen inhaltlich voneinander ab. Das Märchen der Grimm führt direkt in die Handlung der Geschichte ein. Nur knapp wird die Umgebung beschrieben, in der sich die Königin befindet. Vom Blick aus dem Fenster abgelenkt, sticht sie sich in den Finger und wünscht sich als sie die starke, rote Farbe auf dem Schnee sieht „[...] ein Kind so weiß wie Schnee, so rot wie Blut, und so schwarz wie das Holz an dem Rahmen [...]" (Grimm 2010, S.258). Durch die starke Reduzierung des Stoffes durch die Grimms wird bereits im vierten Satz das Wort „Töchterlein" erwähnt. Da dieses äußerlich den Wünschen der Königin entspricht, wurde es daher Schneewittchen genannt. Bei der Geburt stirbt die Königin. Von ihrem Ehemann und dem Vater des Kindes ist die Rede erst im Zusammenhang mit einer neuen Frau, als er diese zu seiner Gemahlin nach einem Trauerjahr nimmt. Seine neue Gemahlin wird mit den Worten *schön, übermutig* und *stolz* definiert, denn nicht die Schönste zu sein, kann die Königin nicht ertragen. An dieser Stelle endet die Einleitung und geht zu der zweiten Episode weiter.

Am Anfang des Films sieht man eine Real-Film Einstellung, die ein Märchenbuch zeigt. Durch eine Obersicht sieht man, wie sich das Buch von selbst öffnet. Mit folgenden Sätzen, welche die Zuschauer selber lesen müssen, beginnt der Film: „*Once upon a time there lived a lovely little princess named Snow White. Her vain and wicked stepmother the queen feared that some day Snow White's beauty would surpass her own. So she dressed the little princess in rags and forced her to work as a scullery maid.*" In der filmischen Adaption hingegen wird die leibliche Mutter in der Einleitung gar nicht thematisiert, stattdessen werden die Zuschauer durch die ersten Sätze bereits mitten in das Hauptkonflikt der Handlung eingeleitet, nämlich die Befürchtung der Stiefmutter, dass ihre Schönheit eines Tages von Schneewittchen übertroffen wird und deshalb lässt sie Schneewittchen Lumpen anziehen und als Dienstmagd arbeiten. Durch die bescheidene Lebensweise Schneewittchens, erhält es von den Zuschauern positiven Zuspruch: „Snow White is dressed in ragst o gain our sympathy [...]"(Zipes 2001, S.122). Die Einleitung wird mit dem Schließen des Märchenbuches beendet.

In beiden Werken wird in der zweiten Szene die berühmte Spiegel-Szene dargelegt, dennoch unterscheidet sich die Handlung im Film in einem Punkt leicht von dem Märchen. Während die böse Stiefmutter ihren Spiegel befragt, wer die Schönste im ganzen Land sei, bekommt sie eine erschreckende Antwort und zwar, dass Schneewittchen tausend Mal schöner ist als sie. Als Unterschied an dieser Stelle ist zu nennen, dass im Märchen explizit Schneewittchen genannt wird, wohingegen in der filmischen Adaption der Spiegel von einer schöneren Frau spricht, die zwar Lumpen trägt, aber ihre Schönheit dennoch nicht verborgen werden kann. Zudem ist Schneewittchen im Film bereits doppelt so alt. Er beschreibt ihre weiße Haut, ihre schwarzen Haare und ihre roten Lippen, sodass die Königin erkennt, um welche Frau es sich handelt. In beiden Werken ist die Stiefmutter entsetzt von dieser Antwort und ist sehr neidisch auf Schneewittchen.

Nach dieser Szene folgt in der filmischen Adaption von Disney eine Szene, die im Märchen nicht beschrieben wird. Schneewittchen, welches draußen die Treppen putzt, singt ein Lied, in dem es seine Wünsche äußert. Es wünscht sich ein baldiges Treffen mit seinem Traumprinzen und, dass dieser bald seins ist. Während Schneewittchen seine Wünsche vor sich hinsingend erträumt, findet eine Begegnung mit dem Märchenprinzen statt und er beginnt zusammen mit ihr zu singen. Als Schneewittchen den Prinzen bemerkt, erschreckt es und läuft davon, aber beobachtet ihn verliebt aus dem Balkon. Der Prinz hingegen singt für sie weiterhin von unten.

Nachdem die Stiefmutter von ihrem Zauberspiegel erfährt, dass sie nicht die Schönste ist, beauftragt sie einen Jäger Schneewittchen in einem Wald umzubringen. Im Märchen will sie als Beweis für seinen Tod seine Lunge und Leber, wohingegen sie im Film auf sein Herz besteht. Das Verhalten des Jägers lässt sich ebenfalls in beiden Werken voneinander unterscheiden, denn im Märchen willigt er den Befehl der Königin ohne Widersprüche ein, während er im Film versucht in das Gewissen der Königin zu reden, aber erfolglos und befolgt ihrem Befehl. Jedoch schafft der Jäger in beiden Medien nicht Schneewittchen zu töten und lässt es im dunklen Wald zurück. Diese Szene endet in dem Film, als Schneewittchen in den dunklen Wald rennt. Im Märchen jedoch wird davon berichtet, wie der Jäger ein Frischling tötet, um seine Organe der Königin vorzuzeigen. Die böse Stiefmutter isst die Organe im Märchen, indem sie die Lunge und die Leber im Salzwasser kochen lässt. Diese Szene wird im Film komplett ausgeblendet, da dieser Anblick zu grausam sei. Die Zuschauer wissen zu diesem Zeitpunkt nicht, wessen Herz der Jäger der Königin bringt.

Zurückgelassen im dunklen Wald findet Schneewittchen das Haus der sieben Zwerge eigenständig, aber im Film bekommt sie von den liebevollen Tieren des Waldes Hilfe, sodass sie das Haus der Zwerge findet. Der Zustand des Hauses unterscheidet sich in den Werken, denn im Märchen ist das Haus sauber und im Film aber dreckig. Deshalb erledigt Schneewittchen singend und kocht etwas für die Einwohner des Hauses. Erschöpft von dem Haushalt legt es sich in die sieben Betten der Zwerge. Im Märchen wiederrum isst und trinkt Schneewittchen etwas bevor es schlafen geht.

In der nächsten Szene kehren die Zwerge von dem Bergbau nach Hause. Auch hier bemerkt man eine Abänderung im Film, doch dies ist verständlich, da sie an die vorherige Szene angepasst worden ist. Während die Zwerge in der filmischen Adaption sich über das saubere Haus wundern, bemerken sie im Märchen, dass jemand aus ihren Tellern und Bechern getrunken hat. In beiden Werken darf Schneewittchen bei den Zwergen bleiben, wenn es im Gegenzug den Haushalt für sie erledigt.

Von ihrem Wunderspiegel erfährt die Königin, dass sie von dem Jäger betrogen wurde und Schneewittchen bei den Zwergen lebt. In der filmischen Adaption erfahren die Zuschauer erst in dieser Szene, dass das Herz, welches die Königin von dem Jäger erhalten hat, von einem Schwein war.

Der größte Unterschied zwischen den beiden Medien entsteht ab diesem Zeitpunkt. Die Handlung von Walt Disney wird vereinfacht, sodass die Stiefmutter bereits beim Versuch mit dem vergifteten Apfel es schafft Schneewittchen zu töten. Im Märchen benötigt sie mehrere Versuche bis sie es beim dritten Versuch ebenfalls mit einem vergifteten Apfel schafft ihre Stieftochter zu töten.

Verkleidet kommt die Königin zu Schneewittchen und schafft es dank ihrer listigen Art Schneewittchen davon zu überzeugen, in den Apfel zu beißen, denn Schneewittchen glaubt, dass dieser ein Wunschapfel ist, der alle Wünsche in Erfüllung bringt. Das leichtgläubige Schneewittchen wünscht sich ein glückliches Leben mit ihrem Prinzen und beißt in den Apfel und fällt zu Boden. Schnell benachrichtigen die Vögel die Zwerge und durch das hektische Fliegen der Vögel, bemerken die Zwerge, dass Schneewittchen etwas Schlechtes widerfahren ist. In dem Film sehen die Zwerge die Hexe und verfolgen sie. An einer Klippe versucht die Hexe einen großen Stein auf den ihr verfolgten Zwerge stürzen zu lassen, aber ein Blitz schlägt ein und trennt den Felsvorsprung von der Klippe, sodass hinunterfällt und stirbt. Somit gibt es in den Film keinen Mörder, da der Blitzeinschlag den Tod herbeiführt. Im Märchen findet keine Begegnung der Zwerge mit der als Hexe verkleideten Stiefmutter statt.

In beiden Medien gelingt es den Zwergen nicht Schneewittchen zum Leben zu erwecken und trauern um ihn. Im Märchen folgt eine weitere Spiegel Szene, die im Film nicht vorhanden ist, da die Königin bereits gestorben ist. Da Schneewittchen trotz ihres Tods immer noch wunderschön ist, begraben die Zwerge es nicht und legen es in ein Sarg aus Glas.

Das Ende weicht voneinander ebenfalls ab, denn die Erlösung Schneewittchens erfolgt unterschiedlich. In der Adaption ist die Erlösungsszene Schneewittchens sehr romantisch gestaltet. Dabei beginnt die Romantik in diesem Film schon viel früher als bei den Grimms, denn wie bereits dargelegt, trifft der Prinz Schneewittchen erstmals auf dem Schloss der bösen Stiefmutter. Dieser Aspekt zeigt exemplarisch, dass der Film immer auch ein Spiegel der moralischen Wertestellung einer Kultur ist. Da sich das Paar bereits bei der ersten Begegnung ineinander verliebt, heiratet das Mädchen keinen fremden Mann, wie es zur Zeit des Mittelalters gängig war (vgl. Grimms). Daraus resultiert, dass sich mit der Hochzeit ein Kreis schließt, da diese eine logische Konsequenz der Handlung darstellt. Somit verändert Disney den Aufbau des Märchens, um ihn an die Vorstellung der US-amerikanischen Bevölkerung anzupassen. Deshalb tauscht Disney die rumplige Erlöserszene der Grimms gegen eine glanzvolle Kussszene aus, die den glorreichen Abschluss einer langen Suche bildet: „The devotion and desire of Snow White and the Prince for each other durung their long separation represented another motic present in the popular romantic films of the 1930s as well as in many folktales" (Wight 1997, S.105). Im Märchen sieht der Prinz zufällig in einem Glassarg und ist von ihrer Schönheit angetan und bittet den Zwergen darum ihm den Sarg mitzugeben. Die Zwerge willigen trotz anfänglicher Unstimmigkeit ein. Als die Diener beim Tragen des Sargs stolpern, fällt das Stück Apfel aus dem Mund des Schneewittchens und es erwacht. Nachdem Erwachen möchte der Prinz, dass Schneewittchen mit ihm geht und ihn heiratet und es willigt ein. Als die Königin erneut ihren Spiegel befragt, erfährt sie, dass eine junge Königin schöner bist als sie. Sie erhält ebenfalls eine Einladung zur Hochzeit und dort erkennt sie, dass die junge Königin Schneewittchen ist. Auf der Hochzeit musste sie rotglühende Schuhe anziehen und und so lange tanzen bis sie tot zu Erde.

4.2 Einhaltung der Stilmerkmale nach Max Lüthi

In diesem Abschnitt wird überprüft, ob es Walt Disney gelungen ist die fünf Stilmerkmale des Märchens nach Max Lüthi in seiner filmischen Adaption zu übertragen.

Die Eindimensionalität in seinem Film zu transportieren ist Disney gelungen, da die handelnde Person (Schneewittchen) und die Gestalten (Zwerge) aufeinandertreffen und somit die zwei Dimensionen des Dies- und Jenseits miteinander verschmelzen.

Der zweite Aspekt, die Flächenhaftigkeit, ist nur teilweise in dem Film vertreten. Im Märchen werden die Gefühle der Charaktere nur genannt, um gewisse Handlungen zu erzielen, aber dies ist in der Adaption zum Teil nicht der Fall, denn es wird bereits zu Beginn der Geschichte von Schneewittchens Gefühlen zu dem Prinzen gesprochen. Es träumt und singt nicht von seinem Prinzen, damit eine Handlung sich vollzieht, sondern nur damit die Rezipienten von ihrer Liebe zum Prinzen in Kenntnis gesetzt werden. Doch Wiederholungen, die ein typisches Merkmal des abstrakten Stils des Märchens darstellen, sind in der Adaption nicht so häufig aufzufinden wie im Märchen. Da die böse Stiefmutter bereits beim ersten Versuch schafft Schneewittchen zu töten, wird die Spiegel Szene dementsprechend seltener gezeigt. Doch die Anfangs- und Schlussformel wurde benutzt, um die Adaption sowohl einzuleiten als auch zu beenden.

Das vierte Merkmal, welches die Isolation und Allverbundenheit ist, wird von Disney nicht berücksichtigt. Zwar begibt sich Schneewittchen am Anfang alleine auf ihre Reise, aber im Wald befreundet es sich mit den Tieren an und diese kommen in mehrere Szenen in der Adaption vor, sodass es sich um keine Zweckbindung handelt. Zudem weisen die Handlungen untereinander eine größere Verbindung auf, als im Märchen. Es wird häufig Rückbezug auf die vorherige Szene genommen und bestimmte Episoden werden miteinander verbunden. So gibt es beispielsweise in dem Märchen der Grimm niemanden, der die Zwerge in Kenntnis darüber setzt, dass die böse Königin bei Schneewittchen ist. Erst wird der Versuch der Königin Schneewittchen umzubringen gezeigt und erst dann kehren die Zwerge nach Hause. Ursprünglich sind das zwei voneinander getrennte Episoden, aber in der Adaption werden sie miteinander verbunden, indem die Tiere die Zwerge über den Beruf der Hexe informieren.

Die Sublimation und Welthaltigkeit lässt sich durch die Rolle der Königin veranschaulichen. Während sie durch ihr Aussehen, ihre Handlungen und Sprechweisen menschliche Eigenschaften aufweist, hat sie dennoch irdische Kräfte und kann so beispielsweise zaubern. Man erkennt, dass Disney zwar nicht alle Aspekte, aber die meistens in seinem Film adaptiert hat.

5. Fazit

Nachdem eingangs auf den Ursprung und Entwicklung des Märchens eingegangen wurde, hat sich die Arbeit im weiteren Verlauf den typischen Stilmerkmalen eines Märchens nach Max Lüthi gewidmet. Anschließend klärte ein exemplarischer Vergleich auf, inwieweit sich der Grimmische Urtext von 1857 inhaltlich von dem US-amerikanischen Film *Snow White and the Seven Dwarfs* unterscheidet. In dem darauf aufbauenden Kapitel wurde analysiert, ob es Walt Disney gelungen ist die fünf Stilmerkmale zu adaptieren, sodass sein Film als ein Märchen klassifiziert werden kann.

Durch die Ausarbeitungen stellt sich heraus, dass der Grimmische Urtext durch die filmische Adaption einige Veränderungen erfahren hat. Während einige Motive standhaft in den Film integriert wurden, weisen andere starke Abweichungen auf.

Durch die Analyse konnte man feststellen, dass der Schluss des Märchens zahlreiche Veränderungen enthält. Beispielsweise wird in der filmischen Adaption die Königin durch einen Blitzeinschlag getötet, um die Unschuldigkeit Schneewittchens fortbestehen zu lassen. Durch die Bestrafung des Bösen ist der erste Schritt zur Wiederherstellung der Ordnung vollbracht. Der zweite vollzieht durch die glorreiche Erlösung Schneewittchens durch den Kuss des Prinzen. Die gute Figur wird nach langer Ungerechtigkeit endlich mit ihrem Wunsch nach der wahren Liebe belohnt.

Somit kann die Frage dieser Hausarbeit basierend auf den Ausführungen und exemplarischem Vergleich, *inwieweit kann ein traditionelles Märchen der Grimms, welches vor 200 Jahren erstmals schriftlich fixiert worden ist, durch eine filmische Adaption weiterhin als Märchen kategorisiert werden,* mit ja beantwortet werden, da sich die filmische Adaption in seinem Aufbau an der Grimmischen Urfassung orientiert, „but was merely adapted to embrace the values and social mores of Disney´s particular society" (Wright 1997, S.107). Dieses Zitat macht den Einfluss der US-amerikanischen Werte auf den Ausgang des Märchens deutlich. Auch wenn die Märchen in den filmischen Darstellungen einigen Veränderungen vorliegen, bleiben sie im Kern doch immer gleich.

6. Quellenverzeichnis

6.1 Literatur:

- Drewermann, Eugen/ Knoch, Linde/ Lange, Günter/ Petzoldt, Leander/ Röllecke, Heinz/ Schmitt, Christoph/ Thiele, Jens/ Wilkes, Johannes/ Zitzlsperger, Helga (2004): Märchen- Märchenforschung- Märchendidaktik. Schneider Verlag Hohengehren GmbH. Baltmannsweiler.

- Lüthi, Max (1974): Das europäische Volksmärchen. Form und Wesen. 4. Erweiterte Auflage. Franke Verlag, München.

- Lüthi, Max (1998): Es war einmal...Vom Wesen des Volksmärchens. 8. Auflage, Vandenhoeck und Ruprecht, Göttingen.

- Lüthi, Max (1996): Märchen In: Sammlung Metzler Band 16. Realien zur Literatur. 9. Auflage, Verlag J.B. Metzler, Stuttgart.

- Lüthi, Max (2004): Märchen. Sammlung Metzler Band 10. 10. Auflage, Verlag J.B. Metzler, Stuttgart.

- Grimm, Jacob (Hrsg.) (2010): Kinder- und Hausmärchen. Gesammelt durch die Brüder Grimm. Vollst. Augst. nach dem Wortlaut der Ausg. letzter Hand (Göttingen 1857). Stuttgart: Reclam.

- Schmitt, Christoph (2000): Mündliches und mediales Erzählen. Klischees zum Phänomen filmischer Märchenbearbeitung. In: Kurt Franz und Walter Kahn (Hrsg.): Märchen- Kinder- Medien: Beiträge zur medialen Adaption von Märchen und zum didaktischen Umgang, Schneider-Verlag, Baltmannsweiler.

- Zipes, Jack (2011): The Enchanted Screen. The unknown history of fairy- tale film. New York: Routledge.

6.2 Internetquellen:

- Reinemer, Daniel (2011): Mit Rapunzel und Dornröschen gestärkt durchs Leben gehen. Vom Wesen und der Bedeutung des Märchens. Zugriff am 29.12.2019 unter: http://br-online.de/jugend/izi/deutsch/publikation/televizion/24_2011_1/reinemer.pdf

- Pander, Edmund (2013): Merkmale der Märchen. Zugriff am 20.12.2019 unter: http://www.pander.de/deutsch/11107.pdf

6.3 Zeitschriften:

- Wright, Terri Martin (1997): Romancing the tale: Walt Disney`s Adaption of the Grimms`" Snow White". In: Journal of Popular Film and Television. Heft 25:3, S.98-108.

6.4 Filmografie:

- Snow White and the Seven Dwarfs (1937). R: David D. Hand [Film]. USA: Walt Disney Productions.